JN300855

こども健康ずかん

夢を
かなえる

元気な心

監修：順天堂大学大学院教授 **大津一義**

少年写真新聞社

もくじ

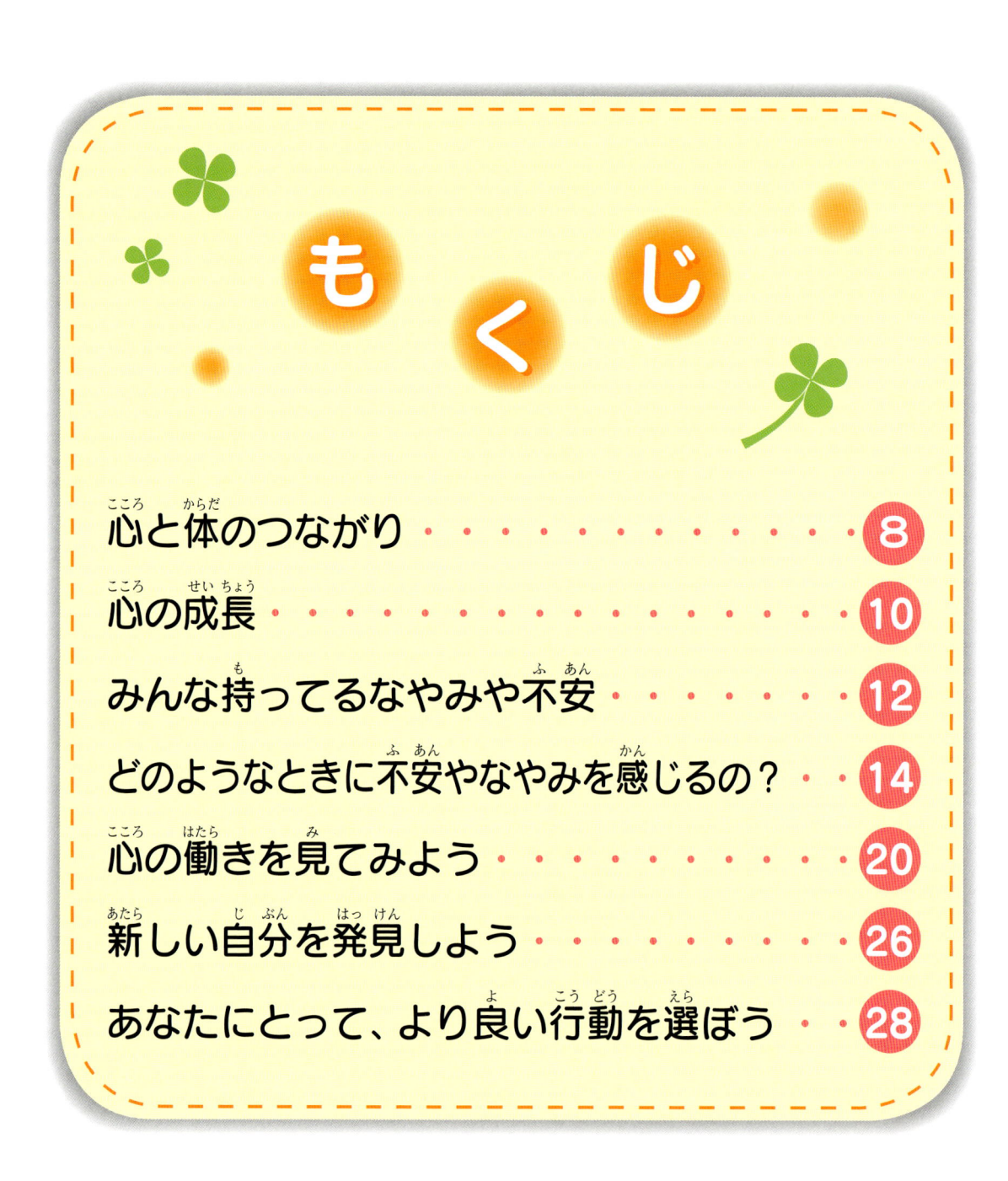

心と体のつながり ・・・・・・・・・・・ 8

心の成長 ・・・・・・・・・・・・・・・・ 10

みんな持ってるなやみや不安 ・・・・・・ 12

どのようなときに不安やなやみを感じるの？ ・・ 14

心の働きを見てみよう ・・・・・・・・・ 20

新しい自分を発見しよう ・・・・・・・・ 26

あなたにとって、より良い行動を選ぼう ・・ 28

目標を立てよう	30
いろいろなリフレッシュ方法	32
こんなとき、あなたならどうする？	34
心を豊かにする活動	38

ワークシート

ジョハリの心の4つの窓	42
より良い行動を選ぼう	43
目標を立てよう	44
決意文を書こう	45
あとがき	46
さくいん	47

はい！これで運動会のリレーのメンバーが決まりました！

運動会　〈リレー〉各4名
〈スプーンリレー〉8名　男子
女子

みんな仲よく

運動会まであと1か月！みんなでがんばりましょう！！

優希ちゃんがリレーのアンカーか！！

優ちゃんならリレーは絶対優勝だね！

これで1組の優勝は確実！！

がんばってね！！

う…うん！

ワーワー

ど…どうしよう…

実はわたしすごく緊張するタイプなの…

失敗してみんなの期待を裏切ったらどうしよう

カチン
コチン

ごちそうさま

あら！ たくさん残ってるわよ！
今日は優希の好きなエビフライなのに

あーっ!! 転んだ!!

せっかく1位だったのに!!

わたしにアンカーがつとまるかしら…
胃が痛いや…

優希ちゃんのせいだ!!

優勝できると思ってたのに!!

次の日

はぁ…イヤだな…
ねてもさめても悪いイメージばっかり…

優ちゃん パスパス!!

わーっ!!
優ちゃん、朋ちゃん、だいじょうぶ!?

きゃっ!!

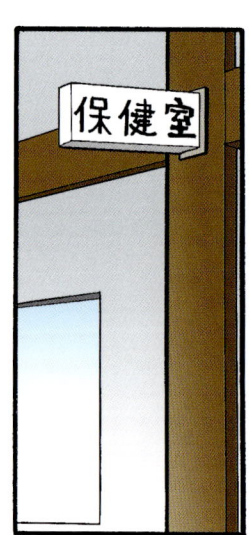

保健室

もう心配で心配で夢でもうなされて…

食欲もなくて…

そう…失敗がこわくて気持ちが落ちこんじゃったの

みんなの期待にこたえるためにプレッシャーを感じるのはだれでも同じよ

でも結果が出る前から失敗することばかり考えるのはよくないわね

悪いことをイメージしていると体もかたくなるし、自分の力を思い切り出せなくなるのよ

今は自分の力を存分に出せるように努力することだけ考えるの！

目標

目標に向かってどれだけがんばったかが大切よ！

そうだよ。失敗したらそのときはそのときだよ！

わたしだって失敗はこわいけど一生懸命やって後悔しないようにがんばろうよ！

朋ちゃん…

今自分ができることをする！
それだけを考えて一生懸命練習したわ！
なやんでるのはわたしだけじゃなかったんだ！
みんなができるんだからわたしだってできるはず！！
そして運動会女子リレー
優ちゃん！
パシッ
はい！！
わーっ!!速い！速い！
キャーッ!!ぬいたぬいた!!
優ちゃん1着!!1組優勝だー!!
やったー!!
不安もたくさんあったけど今は自分の力を出し切った充実感でいっぱい！
あのとき努力して本当に良かった!!

心と体のつながり

　楽しいことやうれしいことがあったときは、気持ちが明るくなって、積極的に行動できるようになります。また、体の調子が良いと、集中力も高まり、前向きな気持ちになります。

　反対に、不安や心配が続くと、おなかや頭が痛くなったり、食欲がわかなくなったりします。また、体の調子が悪いときは、暗い気持ちになり、何事もやる気が起きなくなります。

　このように、心と体の状態が深く関係しているのは、心の働きである脳と体のいろいろな部分（心臓・胃・腸など）が神経というものでつながっていて、影響をあたえ合っているからなのです。

● 今までの経験をふり返ってみましょう ●

- 不安に思っていることがあるとき、おなかが痛くなった 
- うれしいことがあったとき、体を動かしたくなった 
- ね不足で授業中に集中できずイライラした 
- 朝早く起きたら気分がすっきりしてやる気が出てきた

神経がつなぐ心と体

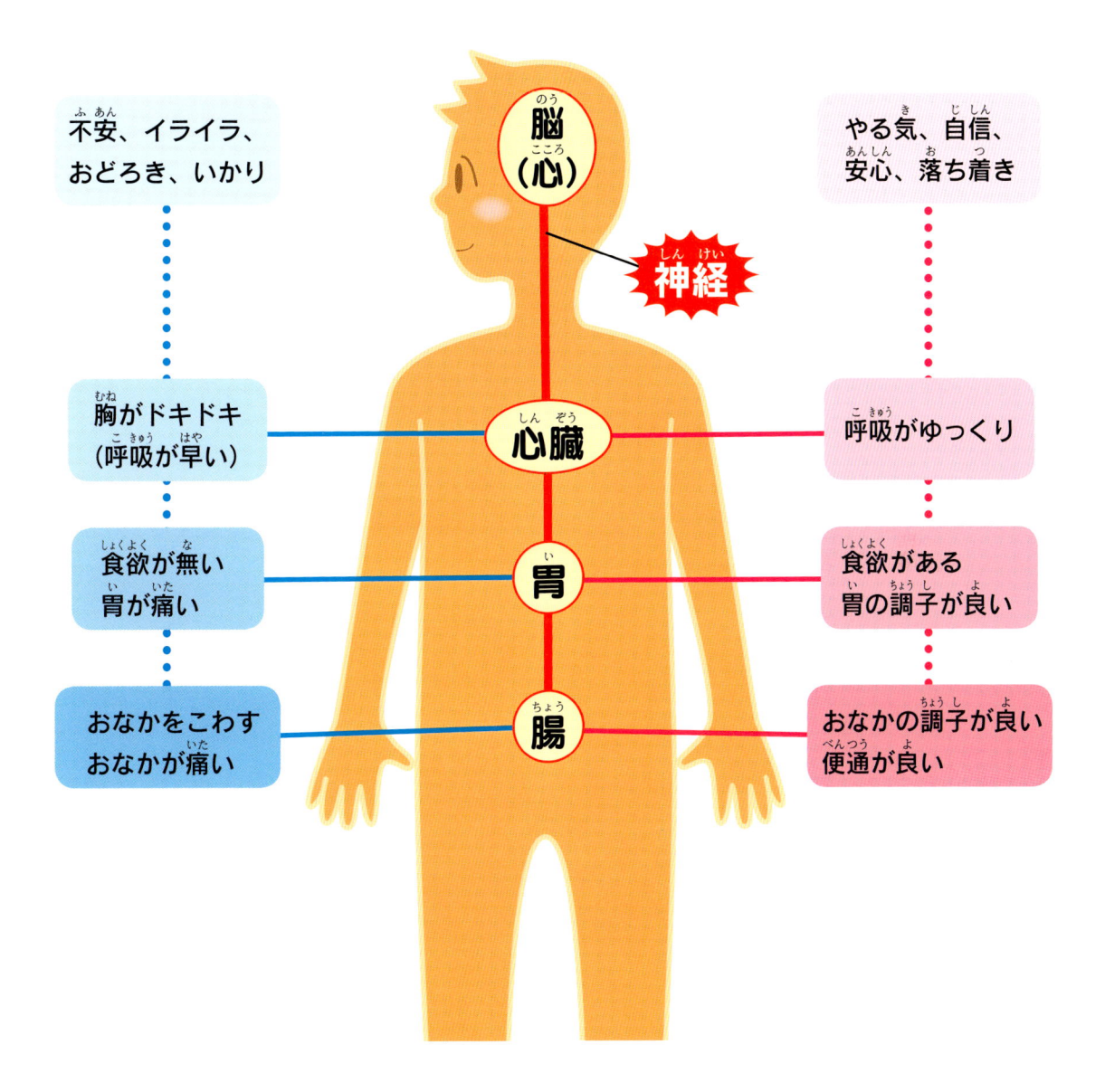

不安、イライラ、おどろき、いかり

やる気、自信、安心、落ち着き

脳（心）

神経

胸がドキドキ（呼吸が早い）　― 心臓 ― 　呼吸がゆっくり

食欲が無い　胃が痛い　― 胃 ― 　食欲がある　胃の調子が良い

おなかをこわす　おなかが痛い　― 腸 ― 　おなかの調子が良い　便通が良い

神経とは？

脳（心）と体のいろいろな部分をつないで、情報を受け取ったり、送ったりする組織です。神経は植物にはなく、動物にしかない特別なものです。

心の成長

年れいが上がるにつれて、遊びや勉強の内容が変わります。また、小さいころは自分の家族とだけかかわっていたのが、保育園・幼稚園、小学校と進学するにつれて、かかわる人の数が増えます。たくさんの人とのさまざまな経験を通して、感情、社会性、思考力などが発達し、これらが心の成長に深く関係しています。

年れいとともに変わる生活と心の成長

赤ちゃんのころ

泣いたり笑ったりすることで、自分の気持ちを表します。毎日、お父さん・お母さん・おじいちゃん・おばあちゃん・兄弟・姉妹など、家族と過ごします。

2〜5歳のころ

保育園や幼稚園に入園して、同じ年ごろの子どもたちといっしょに過ごします。まだ感情をコントロールすることができず、思い通りにならないと泣いたりおこったりします。

6〜7歳のころ

小学校に入学すると、先生や上級生がいて、かかわる人の人数が一気に増えます。また、勉強、そうじ、休み時間など、学校で決められているルールを守りながら生活をしていきます。勉強面では、計算や漢字の読み書きなどを学びます。

8〜9歳のころ

小学校の中学年になり、運動会や遠足などの学校行事で、下級生のめんどうを見ることもあります。また、それまでいっしょに遊んでいた男の子と女の子が別べつで遊ぶようになります。これは、おたがいのことを「異性」として意識し始め、本当は仲良くしたいのに、反発してしまうのです。

10〜11歳のころ

小学校の高学年では、感情をコントロールして、がまんができるようになります。また、学習したことを毎日の生活に応用して、頭の中で物事の整理ができるようになります。学校や家庭で、たよりにされることも多くなります。

みんな持ってるなやみや不安

　心が成長していくと、今まで当たり前だと思っていたことに疑問を感じたり、自分自身やまわりのことが気になったりして、いろいろななやみや不安を感じるようになります。

小学生のなやみベスト5

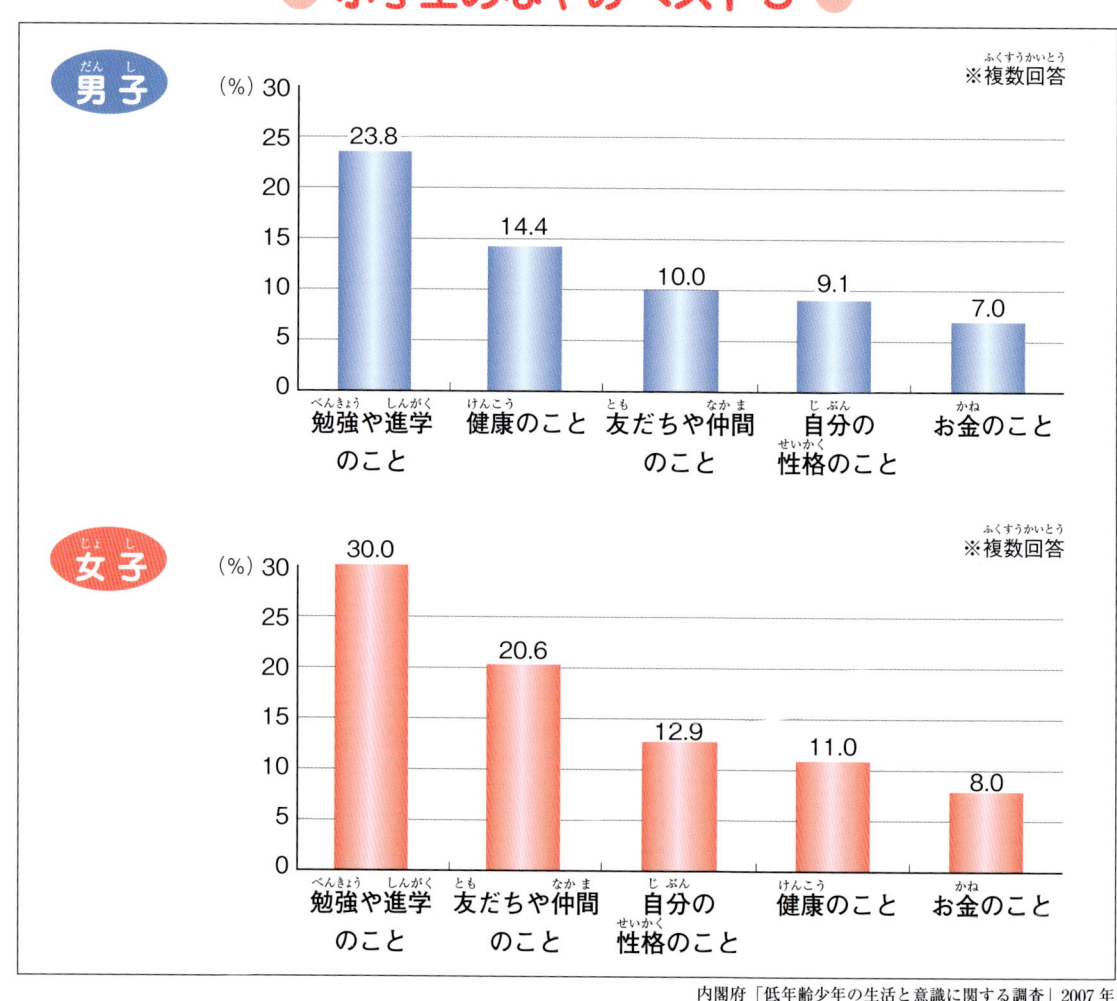

男子 ※複数回答

勉強や進学のこと	健康のこと	友だちや仲間のこと	自分の性格のこと	お金のこと
23.8	14.4	10.0	9.1	7.0

女子 ※複数回答

勉強や進学のこと	友だちや仲間のこと	自分の性格のこと	健康のこと	お金のこと
30.0	20.6	12.9	11.0	8.0

内閣府「低年齢少年の生活と意識に関する調査」2007年

1位 勉強や進学のこと（男女）

2位 健康のこと（男の子）
友だちや仲間のこと（女の子）

3位 友だちや仲間のこと（男の子）、自分の性格のこと（女の子）

4位 自分の性格のこと（男の子）、健康のこと（女の子）

5位 お金のこと（男女）

どのようなときに不安やなやみを感じるの？

　不安やなやみを感じ始める年れいには、個人差がありますが、多くの場合、小学校中学年ごろから、少しずつ感じるようになります。

　どのようなときに不安やなやみを感じるのでしょうか。みなさんも、自分の経験をふり返ってみましょう。

理想とのギャップ

　テレビや雑誌に出ているタレントのようにかわいくなりたい、スタイルが良くなりたい、などの願望を持つようになります。「こうなりたい」という理想と自分とのギャップを感じてなやむことがあります。

親など、大人への反抗心

　親から注意されたことを素直に聞けなくなり、相手を傷つけてしまうような言葉を言うようになります。

他人と比べてしまう

「〇〇ちゃんは勉強ができていいな」「〇〇くんは身長が高くてうらやましいな」というように、自分と他人を比べます。

先のことが予想できない

将来、自分はどんな学校へ進んで、どんな仕事につくのだろう…と不安を感じるようになります。

> 不安やなやみはだれもが感じるもので、決して悪いことではないんですよ。
> なやみや不安と向き合うことで、今まで気づかなかったことに気づくことができたり、自分のことを理解するきっかけになったりします。大人へと一歩近づいた印ですね。

今日の宿題の「将来の夢とそれをかなえるためには」って何を書く？
小学保健ニュース
手あら
せっけんでよくあらおう
ああ　ぼくはもう決まっているから簡単さ！
ぼくは野球選手！イチロー選手みたいな走・攻・守カンペキな選手が目標さ！
わたしは看護師さん！ナイチンゲールの伝記を読んで感動したのよね！
でも…問題は「その夢をかなえるためには」どうしたらいいのかわからないのよね
ふーー
ぼくはスポーツ少年団で野球をやってるからね
えっへん
でも　それでイチローみたいな野球選手になれるの？
あらあら夢の話をしているの？
ガラッ
先生！

優希ちゃんは看護師さんになりたいの？

あなたの尊敬するナイチンゲールはどうやって夢をかなえたんだっけ？

ナイチンゲールは「看護の母」と言われるけど

当時はちゃんとした職業じゃなかったんだよね

そのころ病人の世話は病気の知識も必要ない雑用と見られていたの

だからナイチンゲールのお父さんやお母さんは反対したのよ

へえ。家族に反対されてまでなんでなろうとしたの？

そして大きなきっかけになったのが戦争での看護ね

たくさんの負傷者が手当もされず次つぎと亡くなっていったのよね…

小さいころ具合の悪い人を看病したことがあって充実した気持ちを感じたんだって！そのときの気持ちが忘れられなくてなろうと決心したの

戦争でけがを負った人がいる
病院はふけつな状態だったから

次つぎと
病院の施設や人間関係を
改善していくの！

後から戦争に行った
ナイチンゲールは現地のお医者さん
たちと話し合って

けがをした人たちは
助かったの？

うん

たくさんの人が
退院できたのよ！

その後帰国したナイチンゲールは
世界で最初の看護師を育てる
学校を建てたのよ！

そのような努力をして、
今では看護師は人を助ける
立派な職業となったわね

- ナイチンゲールが自分の夢をかなえたのは何が大切だったのかしら？

- う〜ん

- 人を助けることが好きで、そういう仕事に自分が向いているという強い気持ちを持ち続けることじゃないかしら…

- それから相手のことも思いやれる優しい気持ちも大切なんじゃないかなぁ…

- うん うん

- そうね 人を大切にする心の働きは夢をかなえるポイントになるのよ

- 実は、心の働きをグラフで見ることができる「エゴグラム」というのがあるの

- でも、心の働きは目で見ることができないよね？どうしたらいいの？

- どう？やってみない？

- ガラッ

19

心の働きを見てみよう
～エゴグラムに挑戦～

● エゴグラムってなんだろう？ ●

　わたしたちは、親の心（P）、子どもの心（C）、大人の心（A）の3つの心を持っています。

　さらに、親の心は、人にきびしい心（CP）と、人にやさしい心（NP）に分かれます。また、子どもの心（C）は、自分の気持ちを言える子どもの心（FC）と、がまんする子どもの心（AC）にわかれます。そして、これにきちんと考えることのできる大人の心（A）を加えた5つの心に分類されます。

　次ページの日ごろの行動に関する質問に答えていくとグラフが完成し、そこから心の働きを見ることができます。

● だれもが持っている5つの心（わたし） ●

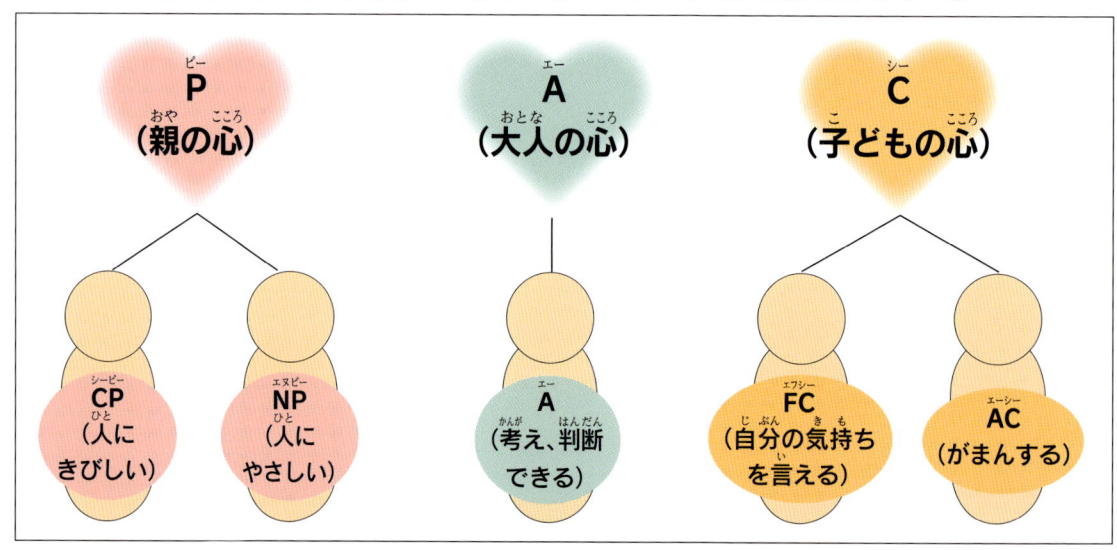

- P（親の心）
  - CP（人にきびしい）
  - NP（人にやさしい）
- A（大人の心）
  - A（考え、判断できる）
- C（子どもの心）
  - FC（自分の気持ちを言える）
  - AC（がまんする）

エゴグラムをやってみよう

次の質問を読んで、はい（○）、いいえ（×）、どちらとも言えない（△）で答えましょう。

> **ポイント**
> ①なるべく○か×で答えましょう。
> ②あまり深く考えこまず、思った通りに答えましょう。

CP

	なんでもきちんとしておきたいほうですか
	たのまれたことはきちんとやるほうですか
	自分の考えをゆずらないほうですか
	きまりを守らない友だちをみると腹がたちますか
	なんでもやりだしたらやりおわらないと気になるほうですか
	親からなにかいわれたら、そのとおりにしますか
	友だちには「ダメじゃないか」「…しなくてはいけない」とよくいいますか
	時間ややくそくをやぶることはきらいですか

NP

	人から道をきかれたら親切におしえてあげるほうですか
	友だちのせわをしたりめんどうをみるのが好きですか
	友だちやまわりの人のよいところに気がつくほうですか
	がっかりしている人がいたらなぐさめたり元気づけたりするほうですか
	たのまれると私にまかせてとひきうけるほうですか
	友だちが失敗した時せめないで許してあげるほうですか
	弟や妹または年下の子をかわいがるほうですか
	困っている人がいたら助けてあげるほうですか

A

	いろいろな本を読むのがすきですか
	何か決める時いろいろな人の考えをきいてから決めますか
	はじめてのことをする時いろいろ調べてからしますか
	何かをする時自分にとって良いか悪いかを考えるほうですか
	何かわからないことがあると人に聞いたり相談したりするほうですか
	体のぐあいの悪い時は気をつけて体を大切にしますか
	お父さんやお母さんとおちついて話し合うほうですか
	勉強や仕事をサッサとかたづけるほうですか

FC	
	みんなとさわいだりはしゃいだりするのが好きですか
	「わあ」「すげえ」「かっこいい」などのことばをよくつかうほうですか
	いいたいことをだれにでもいうことができますか
	ほしいと思ったらどうしてもほしいですか
	男子は女子に、女子は男子にはずかしがらずに話しかけますか
	人にじょうだんをいったり笑わせたりするのが好きですか
	歌をうたったり、または絵をかいたりすることが好きですか
	イヤなことはイヤといえますか

AC	
	人に気に入られようとするほうですか
	イヤなことをイヤといわずにがまんしてしまうことが多いですか
	自分はほかの人よりダメだなあと感じることが多いですか
	自分の考えよりも親や友だちのいうとおりにするほうですか
	少しのことでも悲しんだり心配したりするほうですか
	人の前にでるのがはずかしいですか
	親のごきげんをとるようなところがありますか
	心の中ではいやだなあと思ってもほかの人にいいような顔をするほうですか

(大津一義 作)

結果をグラフにしてみよう

「はい」は2点、「いいえ」は0点、「どちらとも言えない」は1点として、合計点を出してみましょう。点数が出たら下のグラフに書きこんで自分のグラフをつくりましょう。

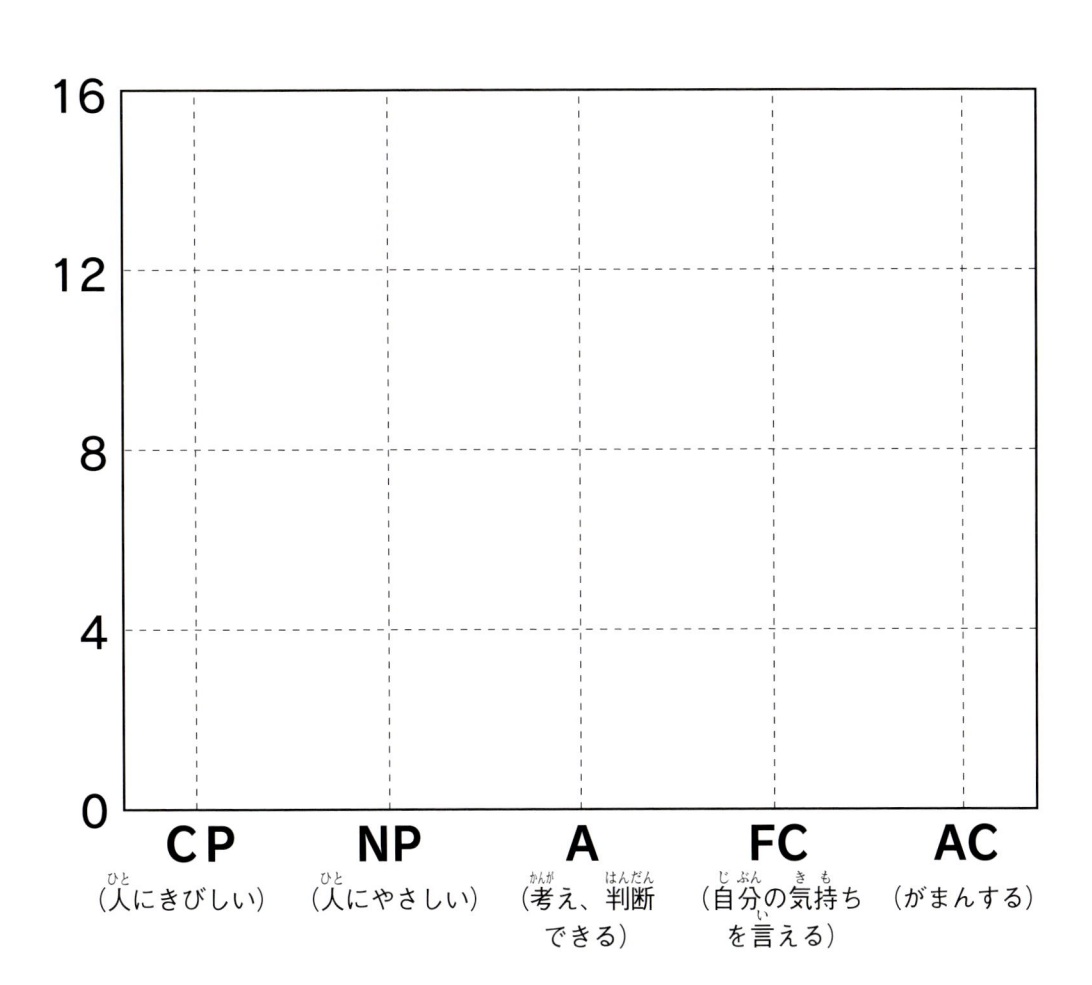

CP	1	2	3	4	5	6	7	8	計

NP	1	2	3	4	5	6	7	8	計

A	1	2	3	4	5	6	7	8	計

FC	1	2	3	4	5	6	7	8	計

AC	1	2	3	4	5	6	7	8	計

CP（人にきびしい）
NP（人にやさしい）
A（考え、判断できる）
FC（自分の気持ちを言える）
AC（がまんする）

結果を見てみよう

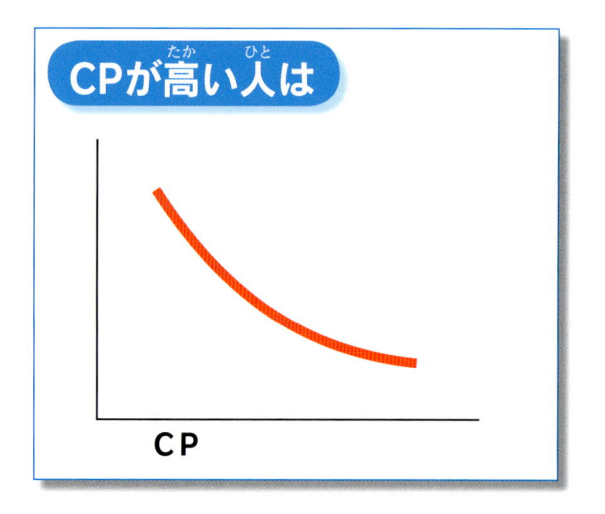

CPが高い人は

CP

CPの合計点が高かった人は、責任感が強く、みんなのリーダーシップを取ることができます。また、ルールやマナーをきちんと守ることができます。

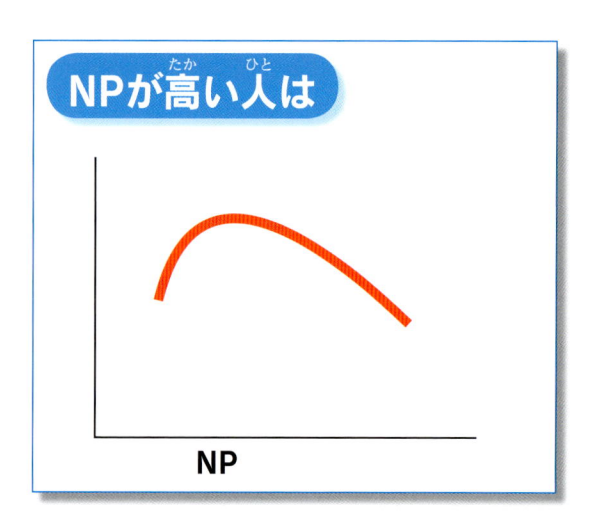

NPが高い人は

NP

NPの合計点が高かった人は、困っている人がいると助けてあげたいと思う思いやりの心を持っています。また、細かいことによく気がつき、気配りができる人です。

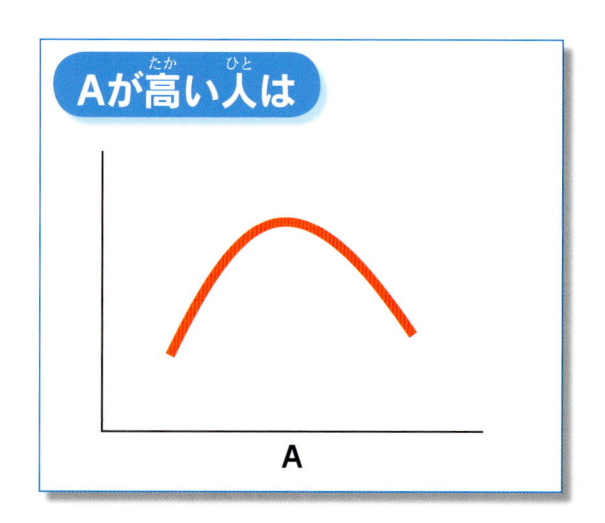

Aが高い人は

A

Aの合計点が高かった人は、冷静に物事を判断することができる人です。また、何かを始めるときには、計画性を持って取り組むことができます。

FCが高い人は

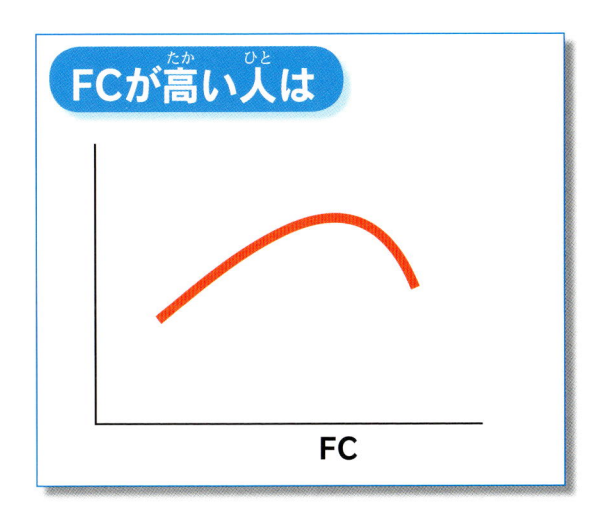

FC

FCの合計点が高かった人は、好奇心が強いので、いろいろなことに興味を持ちます。また、明るく活発なので、だれとでも仲良くなれます。

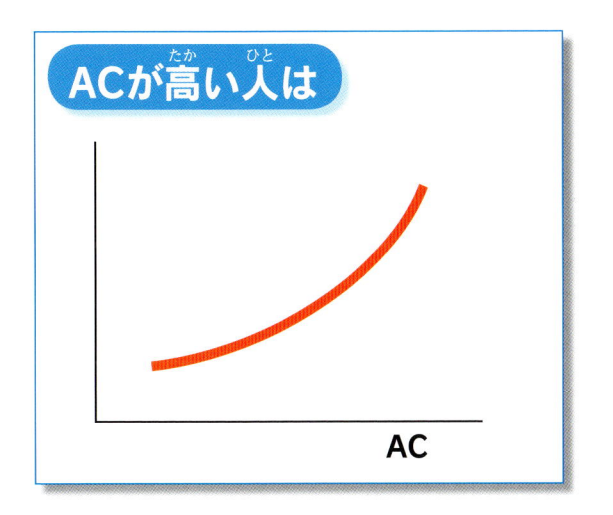

ACが高い人は

AC

ACの合計点が高かった人は、遠りょがちで、自分の気持ちを出せない人です。また、何かを決めるときに、積極的に自分の意見を言うことができません。

自分の心の働きは見えてきましたか？ この結果は、性格の良い・悪いを決めるものではありません。今よりもっと心を健康にしたい人は、AC以外の4つの心の中で最も低い心を高めるようにしましょう。そのためには、8つの質問こう目を読み返して、「いいえ」と答えているこう目を「はい」にするよう努力してみましょう。

新しい自分を発見しよう
～ジョハリの心の4つの窓に挑戦～

● ジョハリの心の4つの窓ってなんだろう？ ●

わたしたちの心の中には、下の図のように、「自分も相手も知っている自分」、「自分は知っていて、相手は知らない自分」、「自分は知らなくて、相手は知っている自分」、「自分も相手も知らない自分」の4つの窓があります。アメリカの心理学者のジョセフ・ルフトさんとハリー・インガムさんが考えたので、ふたりの名前を合わせて、「ジョハリの心の四つの窓」と呼ぶようになったのです。

		他の人	
		知っている	知らない
自分	知っている	Aの窓	Bの窓
自分	知らない	Cの窓	Dの窓

ジョハリの心の４つの窓をやってみよう

①ふたり以上で１グループになって、ふせんを10枚ずつ準備します。
②ふせん１枚につき１つ、自分の長所を書いていきます。友だちにも同じように、あなたの長所について書いてもらいます。
③自分と友だちが書いたふせんを、まずＡの窓にはりつけます。
④はったふせんを見比べて、共通しているものを、そのままＡの窓に残します。
⑤友だちが書いてくれたあなたの長所の中で、自分が書いていなくてもそうだと思えるものをＡの窓に残します。それ以外のものは、Ｃの窓に移します。
⑥自分が書いた長所の中で、友だちが書いていないものをＢの窓に移します。

わたし（Ａ）は…
①算数が好きです
②走るのが好きです
③明るい性格です
④小さい子のめんどうを見るのが好きです
⑩〇〇〇〇〇〇〇〇〇〇

Ａくんは…
㋐いつも元気です
㋑気配りができます
㋒計算が得意です
㋓走るのが早いです
㋺〇〇〇〇〇〇〇〇〇〇

	他の人	
	知っている	知らない
自分 / 知っている	**Ａの窓** ①算数が好きです ㋒計算が得意です ③明るい性格です ㋐いつも元気です ②走るのが好きです ㋓走るのが早いです	**Ｂの窓** ④小さい子のめんどうを見るのが好きです
自分 / 知らない	**Ｃの窓** ㋑気配りができます	**Ｄの窓**

● Ａの窓を広げるようにしよう ●

　心を健康にしていくには、自分も相手も知っているＡの窓をどんどん広げるようにすることが大切です。そのためにはＢの窓の自分の長所を友だちにもっと知ってもらうようにしたり、Ｃの窓の自分の長所をもっとのばしたりしましょう。

ワークシートが巻末（P42）についています。

あなたにとって、より良い行動を選ぼう

わたしたちは、生活のさまざまな場面で、いろいろなことを自分の意志で決めていくことになります。年れいを重ねれば重ねるほど、自分で決めることは多くなります。

たくさんの方法がある中から、より良い行動を選び続けることで、充実した生活を送ることができます。

例） あなたは今、友だちの家で遊んでいます。夕方になり、友だちが「おやつを食べよう」とさそってきました。でも、もうすぐ夕飯の時間です。おなかがすいているあなたは、おやつを食べますか？ 食べませんか？

より良い行動を続けるには自分にとって大切な人（お父さんやお母さん、先生、友だちなど）に見守ってもらうようにすることが大切です。

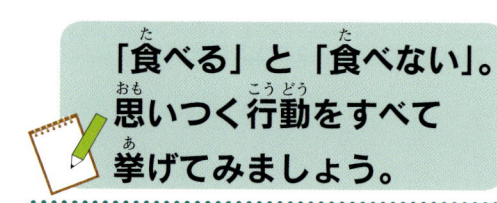

「食べる」と「食べない」。思いつく行動をすべて挙げてみましょう。

・出されたまま、全部食べる
・少し食べる
・何も食べない

　　　など

📝 それぞれの行動の良い点、悪い点を挙げてみましょう。

出されたまま、全部食べる
- ⭕ おなかがいっぱいになり、満足できる
  友だちにも喜んでもらえる
- ❌ 夕飯が食べられなくなる

少し食べる
- ⭕ おなかがすいているので、少しおなかが落ち着く
  夕飯も食べられる
- ❌ 残すので友だちに悪い

何も食べない
- ⭕ 夕飯を残さず食べることができる
- ❌ おなかがすいてイライラする
  さそってくれた友だちに悪い

📝 この行動の中から、より良いと思うものを選び、その理由を書いて発表しましょう。

📝 良い行動をずっと続けるためにはどうしたらよいか、書いて話し合ってみましょう。

ワークシートが巻末（P43）についています。

目標を立てよう

　目標を持つと、やる気が出てきて、イキイキとした生活を送ることができます。
　目標を立てるときは、初めから大きい目標を立てるのではなく、1日、1週間、1か月、1年というように、できそうなことから順番に立てていくと達成しやすくなります。

● 目標を立てる前に ●

　本やインターネットで調べたり、家族や先生などに話を聞いたりして、情報を集めてから目標を立てましょう。

本

インターネット

家族や先生

1日にどのくらいの
すいみん時間をとれば
いいのか教えてください

● 目標設定リスト ●

1日、1週間、1か月、1年の順番で、A（これくらいはできる）、B（なんとかできる）、C（がんばればできる）と思う目標を立てましょう。目標が達成できたかどうかの結果を書きこみ、できなかった場合、どんなところを直したらいいのかを考えましょう。

> 例) **目標**
> 規則正しい生活習慣を身につけて、健康な体をつくる

1日の目標
A. 朝6時に起きる　　　　　結果（○）直すところ（　　　　　　　　　　）
B. 夜10時にねる　　　　　結果（×）直すところ（テレビをだらだら見ない）
C. 朝ごはんを食べる　　　　結果（○）直すところ（　　　　　　　　　　）

1週間の目標
A. うがい・手洗いをする　　結果（○）直すところ（　　　　　　　　　　）
B. スナック菓子は食べない　結果（○）直すところ（　　　　　　　　　　）
C. ゲームは1時間まで　　　結果（×）直すところ（時間を守る　　　　　）

このようにして、1か月、1年の目標も立てましょう。

● 決意文を書こう ●

目標が決まったら、決意文を書きましょう。決意文は、友だちやおうちの人や先生の前で読んだり保管してもらったり、目に見えるところにはったりするなどして実行できるよう工夫しましょう。

ワークシートが巻末（P44、45）についています。

31

いろいろなリフレッシュ方法

体を動かす（体ほぐし運動）

腹式呼吸

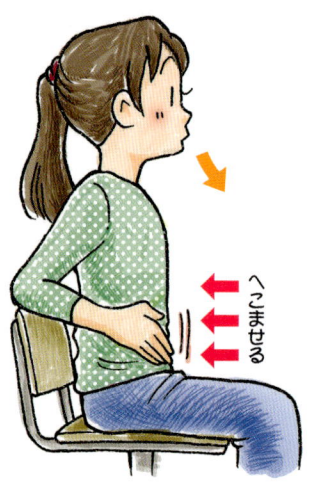

おへその下にあてた手のところに意識を集中させて、ゆっくりへこませて、息を出し切る。

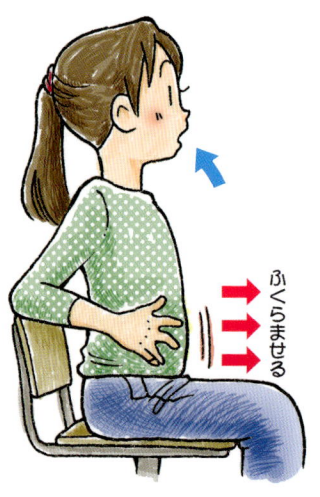

← へこませる

わたしたちは、ねているときに腹式呼吸をしていて、活動しているときは、胸や肩が上下する胸式呼吸をしています。腹式呼吸は、いすに座って行うのが効果的なので、休み時間にもチャレンジできますね。

← ふくらませる

へこんでしまったおなかをゆっくりふくらませていきながら、息を吸いこむ。

なやみや不安を感じたときには、体を動かしたり、音楽をきいたりすると、暗い気持ちがやわらいでいきます。

　リフレッシュ方法にはたくさんのやり方があります。いろいろためしてみて、自分に合った方法を見つけましょう。

夢中になれることを見つける

友だちと話をする

すいみんをきちんととる

こんなとき、あなたならどうする？
〜おたがいに話し合おう〜

テーマ① 友だちに「いっしょにタバコを吸おう」とさそわれたら…

　タバコを吸い始めるきっかけの多くは、「先ぱいや友だちにすすめられて」という理由です。

　もし、あなたが先ぱいや友だちにすすめられたら、どのように答えますか？　3つの言葉の中から1番近いものを選びましょう。

タバコをすすめる男の子：ぼくといっしょにタバコを吸わない？

え？…う～ん。どうしようかなぁ。

吸わないよ！！なに言ってるの！？

ぼくはこの前、学校の授業でタバコは体によくないことを勉強したから吸わないよ。

タバコをすすめる男の子：いいじゃないか。ちょっと吸ってみろよ。ストレス発散になるよ。

それでも友だちは、あなたにタバコをすすめてきます。
そんなときは、「よきてり」のルールで、自分の気持ちをはっきりと伝えましょう。

よきてりってなに？

自分の気持ちを上手に伝える４つのポイントです

★ 相手の**よ**うす・気持ち
★ 自分の**き**もち
★ **て**いあん（具体的にどうしたら良いか）
★ その**り**ゆう

この４つの要素を入れて、自分の気持ちを伝えてみると…

ストレス発散になると思っているんだね（よ）。一度タバコを吸ってしまうと習慣になってしまうから、僕は絶対に吸わないって決めたんだ（き）。体を動かせば（て）ストレスは発散できるから（り）、明日からいっしょにサッカーやろうよ。

自分の気持ちと、相手にどうしてほしいのかをきちんと話せば、相手もわかってくれますよ！

こんなとき、あなたならどうする？
～おたがいに話し合おう～

テーマ② 友だちがそうじにおくれて来たら…

学校には、勉強する時間、遊ぶ時間、そうじの時間などが決められているほか、たくさんのルールがあります。

友だちがそうじにおくれて来たとき、あなたはどんな言葉をかけますか？　3つの言葉の中から1番近いものを選びましょう。

そうじにおくれて来た男の子：ごめーん！　おくれちゃった！

うーん…。

何か急用でもあったの？

おそいよー！
なんでおくれたの！？

> **そうじにおくれて来た男の子**：外で遊んでいたら、そうじのチャイムが鳴ったことに気づかなかったんだよ。

よきてりのルールで、自分の気持ちをはっきり伝えましょう

遊びに夢中で気づかなかったのね（**よ**）。
そうじはみんなで協力して行うものだから、明日からはちゃんと来てほしいな（**き**）。
遊ぶ前に、指などに目印となるものをはっておけば（**て**）、忘れないよ（**り**）。

　ルールを守らないと、みんなが気持ち良く過ごせないし、バラバラになってしまいます。
　ルールを守れなかった人がいたときは、頭ごなしにおこるのではなく、なぜそうなったのか、次からはどうしてほしいのかを、はっきりとおだやかに伝えましょう。
　また、自分がルールを守れなかったときには、きちんとあやまって、次からどうしたら良いのかを考えましょう。

社会に出ると、もっとたくさんのルールがありそうね。
より良く生きるためには、ルールを守ることが大切なんだね。

心を豊かにする活動
その1 自分のまわりをもう一度見つめ直そう

　みなさんは同じくらいの年れいの友だちと遊んだり話をしたりして、ふだんの生活を送っていますが、まったくちがう年れいの人とかかわったり、いろいろな活動に取り組んだりしてみると、今まで気がつかなかったことを発見できるかもしれません。そのような活動が、心を豊かにすることにつながります。

ボランティア活動

　ボランティアとは、お金や物（報しゅう）をもらわずに、自分から進んで、「だれかのために何かをしてあげたい」という気持ちから行動することを言います。
　街のごみ拾いや、お年寄りや障害を持つ人の手助けをしたりと、いろいろな活動があります。
　ボランティア活動に興味がわいたら、まずはどこでどんな活動があるかなどを調べてみましょう。そして、自分のできることから始めてみましょう。

あいさつ

　1日を過ごしていると、家族、学校の先生、地域の人、友だちなどたくさんの人たちとかかわります。目を見て、元気な声であいさつをすると、相手も自分もすがすがしい気持ちになります。

こんにちは

こんにちは！

ワン！

自然とふれ合う

植物の緑色には、目のつかれをとったり、ゆったりとした気分にさせる効果があるといわれます。また、植物を育てると、イライラした気持ちやつかれなどがおさえられるともいわれています。

いろいろな世代の人と話をする

あなたよりも年上のおじいちゃんやおばあちゃん、お父さんやお母さん、地域の人は、長く生きている分、いろいろな経験をしています。なやみや疑問に思うことがあったら、相談してみましょう。

そして、年下の子には、自分が知っていることを教えてあげたり、困っていることがあったら助けてあげたりしましょう。

環境問題に興味を持つ

地球の表面は、温室効果ガスにおおわれています。しかし、近年、自動車の排気ガスやごみを燃やすときなどに出る大量の二酸化炭素などが原因で、地球が暖かくなりすぎる現象が起きています。これを温暖化といい、温暖化が進むと、生活に悪影響が出ます。温暖化を防ぐためにわたしたちは、自分の家の電気をこまめに消したり、リサイクルしたりすることができます。

心を豊かにする活動
その２　他の国の人たちと交流し、文化に親しもう

　あなたのまわりには、外国の人や帰国子女や海外に行った人がいますか。あなた自身はどうですか。この国際社会で、心豊かに生きていくには、日本だけでなく多くの国の人たちと交わり、意見交換し、その考え方や文化について理解し合うことがとても大切です。

家のつくり

写真提供：今村 健志朗／JICA

写真提供：佐藤 浩治／JICA

モンゴル

ウガンダ

生活習慣

ぐるぐる巻き

セルビア・モンテネグロ

赤ちゃんの頃からひとりで！

アメリカ

授業風景

写真提供：古荘 成子

オランダの小学校では、ほとんどの授業でみんなが輪になって座り、話し合いながら学ぶ形式が取られています。こうすることで、おたがいに意見を交換し、相手のことをより深く理解できます。

海外への募金活動

写真提供：日本ユニセフ協会

子どもたちが行ったユニセフ募金の様子。この募金は、世界150以上の国と地域で、困っている人や子どもたちのために使われています。

● ちがいを知り、理解し合う優しい心 ●

　日本では当たり前だと思っていることでも、海外では当たり前でないことがたくさんあります。どちらが正しいということではなく、国がちがえば暮らし方や考え方も変わってくるのです。そのちがいを否定したり、こばんだりするのではなく、優しさを持って、地球全体のことを考えながら暮らしていく必要があります。

帰国子女（生徒）って？

　親の都合などで海外に住み、日本に帰国した子どものことをいいます。帰国後、学校にとけこめないなどの意見もありますが、心を豊かにするうえでは、かけがえのない経験になります。なぜなら、日本とはちがうさまざまな文化の体験は、成長する中で起こる困難に立ち向かうときの心の支えになったり、自信や日本を大切に思う気持ちを高めたりすることにつながるからです。

付録

ワークシート

ジョハリの心の4つの窓

年　　組　氏名 _____

左のわくには自分の長所を書き、右のわくには友だちの長所を書きましょう。

わたしは…　　　　　　　　　　　_____ さんは…

① _____　　　㋐ _____

② _____　　　㋑ _____

③ _____　　　㋒ _____

④ _____　　　㋓ _____

⑤ _____　　　㋔ _____

⑥ _____　　　㋕ _____

⑦ _____　　　㋖ _____

⑧ _____　　　㋗ _____

⑨ _____　　　㋘ _____

⑩ _____　　　㋙ _____

お互いに見せ合って、当てはまる窓に番号を記入しましょう。

		他の人	
		知っている	知らない
自分	知っている	Aの窓	Bの窓
	知らない	Cの窓	Dの窓

★ 心を健康にしていくには、自分も相手も知っているAの窓をどんどん広げるようにすることが大切です。

コピーして使ってね！

付録

ワークシート

より良い行動を選ぼう

年　　組　氏名 ＿＿＿＿＿＿＿＿＿＿＿＿＿＿＿＿

問題となっているのはどんなことですか？

[　　　　　　　　　　　　　　　　　　　　　　　]

そのことについて、思いつく行動をすべて挙げてみましょう。

[　　　　　　　　　]　　[　　　　　　　　　]

[　　　　　　　　　]　　[　　　　　　　　　]

それぞれの良い点、悪い点を挙げてみましょう。

良い点	良い点
悪い点	悪い点

良い点	良い点
悪い点	悪い点

この中からより良いと思う行動を選び、その理由も書きましょう。

ぼくは（わたし）は

なぜなら、

この行動をずっと続けるためにはどうしたら良いかを書きましょう。

[　　　　　　　　　　　　　　　　　　　　　　　]

コピーして使ってね！

付録

ワークシート

目標を立てよう

年　組　氏名 ＿＿＿＿＿＿＿＿＿＿＿＿＿＿＿＿

それぞれの期間で、3段階の目標を立てましょう。

A：最低これくらいはできる　B：なんとかできる　C：がんばればできる

1日の目標
- A ＿＿＿＿＿＿＿＿＿＿　結果（　）直すところ（　　　　　）
- B ＿＿＿＿＿＿＿＿＿＿　結果（　）直すところ（　　　　　）
- C ＿＿＿＿＿＿＿＿＿＿　結果（　）直すところ（　　　　　）

1週間の目標
- A ＿＿＿＿＿＿＿＿＿＿　結果（　）直すところ（　　　　　）
- B ＿＿＿＿＿＿＿＿＿＿　結果（　）直すところ（　　　　　）
- C ＿＿＿＿＿＿＿＿＿＿　結果（　）直すところ（　　　　　）

1か月の目標
- A ＿＿＿＿＿＿＿＿＿＿　結果（　）直すところ（　　　　　）
- B ＿＿＿＿＿＿＿＿＿＿　結果（　）直すところ（　　　　　）
- C ＿＿＿＿＿＿＿＿＿＿　結果（　）直すところ（　　　　　）

1年の目標
- A ＿＿＿＿＿＿＿＿＿＿　結果（　）直すところ（　　　　　）
- B ＿＿＿＿＿＿＿＿＿＿　結果（　）直すところ（　　　　　）
- C ＿＿＿＿＿＿＿＿＿＿　結果（　）直すところ（　　　　　）

将来の目標
- A ＿＿＿＿＿＿＿＿＿＿　結果（　）直すところ（　　　　　）
- B ＿＿＿＿＿＿＿＿＿＿　結果（　）直すところ（　　　　　）
- C ＿＿＿＿＿＿＿＿＿＿　結果（　）直すところ（　　　　　）

コピーして使ってね！

付録

ワークシート

決意文（けついぶん）を書（か）こう

年（ねん）　組（くみ）　氏名（しめい）
_____

ぼくの（わたし）の目標（もくひょう）は

実行（じっこう）するためには
_____

_____

_____

_____

_____

_____

コピーして使（つか）ってね！

あとがき

　本書は『こども健康ずかん』シリーズの第2弾です。
　第1弾(2009年2月発行)同様、小学校3、4年生以上の保健の教科書に対応させつつも、教科書だけでは伝えきれない大切な内容を、分かりやすいようにマンガやイラストを多用して、子どもたちが自ら進んで学習できるようにすると共に、頭で分かっているだけでなく、日々の生活に生かし実践できるようにしています。
　第1弾(『メリハリ生活』『すくすく育つ』『むし歯バイバイ』『かぜなんかひかないよ』)では、主として、生活習慣の乱れに対応して、メリハリのある生活実践を可能にする内容を取り上げました。
　第2弾(『せいけつ大好き！』『気をつけよう！ けが・事故・災害』『かがやけ！ いのち』『夢をかなえる元気な心』)では、子どもたちの身の回りの危険と、命及び死を軽視する風潮の増加傾向に対応するために、安全で心豊かな生活実践を可能にする内容を中心に盛り込みました。学校の新しい教育方針でも生きる力、中でも、その基盤である豊かな心を具体的手法によって培うことが重視されているからです。第2弾ではその手法としてライフスキル、中でも教師からの要請が高い自己認識、コミュニケーション、意志決定の各スキルを習得できるようにしています。
　生涯にわたって健康・生きがいを高めることのできる知識とスキルを学べる『こども健康ずかん』を活用することによって、早い時期から、子どもたちが自ら、毎日を元気にイキイキと過ごしていってほしいものです。

　　　　　　　　　　　　　　　　　　　　　　大津 一義

さくいん

あ行
- あいさつ……………… 38
- 胃………………………… 9
- 家のつくり…………… 40
- 異性…………………… 11
- 5つの心……………… 20
- いろいろな世代の人と話をする……………………… 39
- エゴグラム…………… 20
- お金のこと……… 12,13
- 大人の心（A）………… 20
- 親の心（P）…………… 20

か行
- 海外………………… 40,41
- 体ほぐし運動………… 32
- 環境問題に興味を持つ……………………… 39
- 感情…………………… 10
- 帰国子女……………… 41
- 決意文………………… 31
- 健康のこと……… 12,13
- 心の成長……………… 10
- 心の働き…… 8,19,20,25
- 心を豊かにする活動…………………… 38,39,40
- 子どもの心（C）……… 20

さ行
- 先のことが予想できない……………………… 15
- 思考力………………… 10
- 自然とふれ合う……… 39
- 自分の性格のこと… 12,13
- 社会性………………… 10
- 授業風景……………… 41
- ジョハリの心の4つの窓………………… 26,27
- 神経…………………… 9
- 心臓…………………… 9
- すいみん……………… 33
- 生活習慣……………… 40

た行
- 他人と比べてしまう… 15
- 「タバコを吸おう」とさそわれたら…………… 34,35
- 腸……………………… 9
- 友だちがそうじにおくれて来たら…………… 36,37
- 友だちと話をする…… 33
- 友だちや仲間のこと…………………… 12,13

な行
- なやみ… 12,14,15,33,39
- 脳……………………… 9

は行
- 反抗心………………… 14
- 不安…… 8,9,12,14,15,33
- 腹式呼吸……………… 32
- 勉強や進学のこと… 12,13
- ボランティア活動…… 38

ま行
- 夢中になれること…… 33
- 目標……………… 30,31
- 目標設定リスト……… 31

や行
- より良い行動………… 28

ら行
- 理想とのギャップ…… 14
- リフレッシュ方法… 32,33

A～Z
- A ……………… 20,21,23,24
- AC …………… 20,22,23,25
- C ……………………… 20
- CP …………… 20,21,23,24
- FC …………… 20,22,23,25
- NP …………… 20,21,23,24
- P ……………………… 20

監修　大津　一義（おおつ　かずよし）
保健学博士（東京大学医学部）。
順天堂大学スポーツ健康科学部健康学科・同大学大学院教授。
カリフォルニア州立大学健康科学部客員教授（1992年）。
専門は、健康教育学、学校保健学、ヘルスカウンセリング。

〈参考文献〉
『楽しみながら実践力が身につく学習指導法』大津一義著　大日本図書
『小学館の図鑑NEO　人間 いのちの歴史』小学館
『子どものためのエゴグラム・ロールレタリング実践法』杉田峰康・春口徳雄監修　岡本泰弘著　少年写真新聞社

『こども健康ずかん』サポートサイトはこちら
http://www.schoolpress.co.jp/book/kodomokenko/support.htm
書籍におさまりきらないプラスαの情報をお届けします。

こども健康ずかん
夢をかなえる元気な心

2010年2月15日	第1刷発行

監　　修　大津　一義
発 行 人　松本　恒
発 行 所　株式会社　少年写真新聞社
〒102-8232　東京都千代田区九段北1-9-12
TEL 03-3264-2624　FAX 03-5276-7785
URL http://www.schoolpress.co.jp/
印 刷 所　図書印刷株式会社
©Shonen Shashin Shimbunsha 2010
ISBN978-4-87981-335-0 C8637

スタッフ　編集：小池 梨枝　DTP：木村 麻紀　校正：石井 理抄子　イラスト：五十嵐 綾、井元 ひろい　マンガ：富士山 みえる　／編集長：東 由香

本書を無断で複写・複製・転載・デジタルデータ化することを禁じます。乱丁・落丁本はお取り替えいたします。
定価はカバーに表示してあります。